AF307030

© 2024 Eva Maria Dreykorn
Verlag: BoD · Books on Demand GmbH,
In de Tarpen 42, 22848 Norderstedt
Druck: Libri Plureos GmbH,
Friedensallee 273, 22763 Hamburg

Grafische Gestaltung:
Eva Maria Dreykorn

Bildmaterial: BigStockPhoto

ISBN: 978-3-7597-9217-4

Klaus-Peter Dreykorn

Mein Tod muss warten!

Die Schatten der Vergangenheit-

Jeder Atemzug zählt!

Inhaltsverzeichnis

Dieses Buch widme ich meiner Frau
Eva Maria,
die ich sehr schätze
und über alles liebe ,
bis zum letzten Atemzug!

Klaus-Peter Dreykorn

Vorwort

Der Tod – er ist eine der größten Konstanten in unserem Leben, und doch bleibt er ein Mysterium, dem wir uns nie ganz zu nähern wagen. In einer Welt, die sich ständig wandelt und in der das Tempo des Alltags uns oft die wahren, existenziellen Fragen vergessen lässt, zwingt uns der Tod innezuhalten. Er stellt uns vor die Frage: Was bedeutet es wirklich zu leben?

In "Mein Tod muss warten" nimmt Klaus Peter Dreykorn den Leser mit auf eine Reise, die weit über die Grenzen des Alltäglichen hinausgeht. Mit einem scharfsinnigen Blick und einer tiefen Sensibilität für das menschliche Schicksal erkundet er die fragile Grenze zwischen Leben und Tod.

Seine Erzählung ist durchdrungen von dem Bestreben, dem Tod ein Schnippchen zu schlagen, das Leben bis zum letzten Atemzug auszukosten und die Fragen, die uns alle bewegen, zu stellen: Was hinterlassen wir, wenn wir nicht mehr sind? Welche Bedeutung hat das, was wir zu Lebzeiten erreicht haben? Und ist der Tod wirklich das Ende – oder vielleicht nur ein neuer Anfang?

Dieses Buch lädt den Leser ein, nicht nur über das Ende des Lebens nachzudenken, sondern vor allem über den Wert jedes gelebten Moments. Es ist ein Weckruf, die Zeit, die uns gegeben ist, bewusst zu nutzen und mit Leidenschaft zu leben.

Ich lade Sie ein, sich auf diese spannende und bewegende Reise einzulassen. Möge dieses Buch Ihnen nicht nur Erkenntnisse über den Tod, sondern auch neue Perspektiven auf das Leben selbst eröffnen.

Jochen Schmidt

Über mich

An dieser Stelle sollst du zunächst etwas über mich erfahren. Geboren 1947, begann ich meine berufliche Laufbahn mit einer Ausbildung zum Industriekaufmann. Mein Interesse an den menschlichen Verhaltensweisen führte mich anschließend zum Studium der Psychologie.

In meinem persönlichen Leben erlebte ich zwei kurzfristige Ehen, die mir wertvolle Lektionen über Beziehungen und das Leben im Allgemeinen lehrten. Bereits 1974 gründete ich nebenberuflich das „Institut für angewandte soziale Fähigkeiten" abgekürzt ISF.

Unterstützt von meinem Lebensmentor, Dr. Eduard Herz, führten wir die ersten Workshops „Anti Stress Training für Führungskräfte" und „Gruppendynamik - mehr Effizienz im Management" durch.

Seit 1980 bin ich selbstständig tätig als Berater, Coach und Trainer. Mein

Fokus liegt auf der persönlichen Potenzialentwicklung und -entfaltung, in denen ich Menschen dabei unterstütze, ihre Stärken zu erkennen und zu nutzen. Ebenso in meinen Lehraufträgen von 1984 bis 2000 als Honorarprofessor an einer dualen Hochschule.

Im Jahr 1981 hatte ich das große Glück, die Liebe meines Lebens kennenzulernen, was mein Leben und meine Arbeit nachhaltig bereicherte. Vom Anfang bis heute habe ich meine Frau in den bisher vergangenen 43 Jahren stets „Häschen" genannt. Warum, soll für immer mein Geheimnis bleiben.

All diese Erlebnisse und Erfahrungen haben mich geprägt und motivieren mich, anderen auf ihrem Weg zu helfen, ihr volles Potenzial zu entfalten. Ich habe ein starkes Engagement für soziale Kompetenzen und die Arbeit mit jungen Menschen.

Als ‚Rudelführer‘ bei den christlichen Pfadfindern konnte ich wertvolle Erfahrungen in der Teamführung und der Förderung von Gemeinschaftsgeist sammeln. In der evangelischen Lutherkirche übernahm ich die Leitung von Kindergottesdiensten, in denen ich meine organisatorischen Fähigkeiten, und meine Leidenschaft für die Arbeit mit Kindern und Jugendlichen einbringen konnte.

Zusätzlich war ich Jugendleiter in der Deutschen Angestellten Gewerkschaft, wo ich mich für die Belange junger Menschen in der Arbeitswelt einsetzte.

Mein ehrenamtliches Engagement als Jugendpfleger in der Kreisstadt, in der ich geboren wurde und aufwuchs, hat mir die Möglichkeit gegeben, aktiv zur Entwicklung und Unterstützung der Jugend in meiner Heimat beizutragen.

Neben meiner sozialen Arbeit habe ich auch kreative Projekte initiiert, wie die Gründung der Kabarettgruppe „Die Kneifzangen" und die Durchführung von Theateraufführungen. Musik spielt ebenfalls eine wichtige Rolle in meinem Leben. Als ehemaliges Mitglied einer Band, in der ich sang und Gitarre spielte, hatte ich die Gelegenheit, bei zahlreichen Auftritten meine Leidenschaft für die Musik mit anderen zu teilen. Diese vielfältigen Erfahrungen haben meine sozialen Kompetenzen gestärkt und mir ermöglicht, einen positiven Einfluss auf die Gemeinschaft auszuüben.

Heute engagiere ich mich ehrenamtlich für einen Bildungsverband und schreibe Bücher. Hier bringe ich meine Leidenschaft für lebenslanges Lernen und persönliche Entwicklung ein. Ich halte inspirierende Vorträge und leite Workshops in verschiedenen

Bildungsportalen, die sich mit zentralen Lebensthemen befassen.

Mein Ziel ist es, die Lebenskompetenz der Teilnehmer zu steigern und ihnen wertvolle Werkzeuge an die Hand zu geben, um ihre Herausforderungen erfolgreich zu meistern. Darüber hinaus bilde ich Menschen zu Coaches aus, um sie auf ihrem Weg zur persönlichen Entfaltung und professionellen Weiterentwicklung zu unterstützen.

*Nicht der Mensch
hat am meisten gelebt,
welcher die höchsten
Jahre zählt,
sondern derjenige,
welcher sein Leben
am meisten empfunden hat.*

Jean-Jacques Rousseau

Der Tod muss warten

ist ein spannendes Thema, welches in verschiedenen Kontexten behandelt werden kann; sei es in der Literatur, im Film oder in der Philosophie. Es handelt sich um die Auseinandersetzung mit der Vergänglichkeit des Lebens, den Umgang mit dem Tod oder ebenso die Frage nach dem Sinn des Lebens.

In der Literatur kann es sich um Geschichten handeln, in denen Charaktere mit dem Tod konfrontiert werden, und dennoch versuchen, ihr Leben in vollen Zügen zu leben. In meinem Leben schildere ich Erlebnisse mit dem Tod als meinem unsichtbaren Wegbegleiter. Hierbei werden interessante Hintergründe, spannende Geschichten und emotionale Konflikte deutlich.

Philosophisch meine ich, dass das Leben trotz seiner Endlichkeit wertvoll ist und dass ich jeden Moment nutzen will. Das wirft in mir die Frage auf, wie ich mit der Ungewissheit des Lebens und dem unvermeidlichen Tod umgehen will. Dass der Tod schnell geht, ist oft eine Illusion.

Der französische Philosoph Descartes beschäftigte sich in der Zeit der Aufklärung mit der Ganzheitlichkeit des Menschen. Er betrachtete diesen noch einmal neu und nahm Leib und Seele als getrennte Einheiten wahr. Die zwei unterschiedlichen Subtanzen existieren unabhängig voneinander, beeinflussen sich aber wechselseitig. Auf der einen Ebene fungiert der Körper in seiner eigenen Substanz, der physikalisch mit der Außenwelt agiert und im naturwissenschaftlichen Sinne erklärbar ist. Auf der anderen Ebene stehen die Seele und der Geist, die immateriell sind, keine Grenzen aufzeigen und unser Denken und Bewusstsein erweitern sowie beeinflussen.

Bis heute prägt dieses Menschenbild unser Denken zu Körper und Geist. Diese Sinnbilder verdeutlichen die Trennung von Körper und Geist. Das macht Mut, dass die Seele und der Geist eines Menschen unantastbar sind. Descartes Ansatz ist also nach wie vor hilfreich, um das Individuum

Mensch besser zu verstehen. Von ihm stammt ebenfalls der Satz „ich denke, also bin ich".

Die buddhistische Lehre legt großen Wert auf die Akzeptanz des Todes. Der Tod ist ein Teil des Lebens und kann nicht vermieden werden. Es ist wichtig, den Tod als Teil des natürlichen Kreislaufs des Lebens zu akzeptieren und ihn nicht als etwas Schreckliches oder Bedrohliches zu betrachten. Indem wir den Tod akzeptieren, können wir uns auf das Leben konzentrieren und die Zeit, die wir haben, sinnvoll nutzen. Der Buddhismus lehrt auch die Vergänglichkeit des Lebens. Alles im Leben ist vergänglich und nichts bleibt für immer bestehen. Wenn wir uns dieser Tatsache bewusst sind, können wir das Leben und die Zeit, die wir haben, wertschätzen und nutzen.

Den Tod als Wegbegleiter vom ersten

Lebenstag an zu akzeptieren ist ein tiefgründiges und oft nachdenkliches Thema. Viele Menschen betrachten den Tod nicht nur als das Ende des Lebens, sondern auch als einen Teil des Lebenszyklus. Gerade in dieser Perspektive kann der Tod uns anregen, das Leben intensiver zu leben, unsere Prioritäten zu überdenken und die Zeit, die wir haben, wertzuschätzen.

Ich betrachte den Tod als einen spirituellen Freund, weil er in vielen spirituellen Traditionen als Übergang zu einer anderen Existenz oder als Möglichkeit zur Transformation angesehen wird.

Da ich den Tod als meinen ständigen Begleiter akzeptiere, lerne ich, die Vergänglichkeit des Lebens zu akzeptieren und mich auf das Wesentliche zu konzentrieren.

Das hilft mir die Liebe zu meiner Frau

zu vertiefen, mein soziales Umfeld zu überdenken, meine Visionen zu verfolgen und im Hier und Jetzt zu leben. Es ist eine Einladung, mein Leben in Fülle zu erleben und die Besonderheiten in den kleinen Momenten meines Lebens zu finden.

Genau aus diesen Gründen konnte ich in meinem langen Leben viermal meinem Tod „von der Schippe springen"! Diese Redewendung bedeutet für mich, dass ich in einer sehr gefährlichen oder lebensbedrohlichen Situation war, doch letztendlich entkommen konnte und gerettet wurde. Es beschreibt das Überleben einer kritischen Lage, in der mein Tod sehr nah schien. Die „Schippe" bezieht sich metaphorisch auf das Grab, und das „Springen" bedeutet, dass man dieser Gefahr entkommen ist. Diese Redewendung verwende ich in diesem Buch noch öfter, um auszudrücken, dass ich große Hilfe bekam, Glück hatte und/oder eine neue Chance in meinem Leben erhalten habe.

Niemand kennt den Tod,
es weiß auch keiner,
ob er nicht
das größte Geschenk
für den Menschen ist.
Dennoch wird er
gefürchtet,
als wäre es gewiss,
dass er das schlimmste
aller Übel sei.

Sokrates

Die große Enttäuschung

In den 1940er Jahren hatten viele Länder mit den Folgen des Krieges zu kämpfen. Dies führte zu einer Verschlechterung der Lebensbedingungen und der Gesundheitsversorgung. Stress, Trauma und Unsicherheit, die durch den Krieg und wirtschaftliche Schwierigkeiten verursacht wurden, beeinflussten zum Teil die Gesundheit von Müttern und Säuglingen negativ.

Viele Familien, auch unsere, litten unter Armut und hatten nicht genügend Zugang zu nahrhaften Lebensmitteln. Meine Eltern, Großeltern und beide Onkels waren 1945 aus Westpreußen geflüchtet und wurden bei einem Landwirt, Kreis Fulda, einquartiert. Mangelernährung schwächte oft die Immunabwehr von Säuglingen und machten diese anfälliger für Krankheiten.

Als Säugling war ich dringend auf Kakao oder Schokolade angewiesen, so unser Hausarzt, sonst besteht Lebensgefahr. Doch als mein Bedürfnis nach diesen Lebensmitteln aufkam, wurde meiner Mutter vom Caritasverband die Unterstützung verweigert, da wir nicht katholisch waren. Diese Erfahrung hinterließ bis heute einen bleibenden Eindruck bei mir. Glücklicherweise hatte ich meine Patentante Hully, die in der Schweiz lebte.

Sie erkannte die Situation und schickte meiner Mutter Kakao und Toblerone. Diese liebevolle Geste rettete mich buchstäblich und sorgte dafür, dass ich die nötige Nahrung erhielt.

Trotz dieser positiven Wendung in meiner Kindheit bin ich bis heute sauer auf den Caritasverband. Die Tatsache, dass Hilfe aufgrund von religiösen Überzeugungen verweigert wurde, hat mich geprägt und lässt mich über die Bedeutung von Nächstenliebe und Solidarität nachdenken. Ich konnte zum ersten Male „dem Tod von der Schippe springen"!

Ein Leben, das vor allem
auf die Erfüllung
persönlicher Bedürfnisse
ausgerichtet ist,
führt früher oder später
zu bitterer Enttäuschung.

Albert Einstein

Mein Fenstersturz

Es war ein lauer Sommerabend im Jahr 1961, als Detlef, mein Klassenkamerad und unbestrittener Anführer unserer Straßenclique, mit einer Idee aufwartete, die uns alle in ihren Bann zog.

„Lasst uns eine Mutprobe machen!", rief er mit funkelnden Augen, während wir uns um ihn scharten. Der Rohbau des Nachbarhauses, ein unheimliches, aber faszinierendes

Bauwerk, schien uns wie ein verlockendes Abenteuer zu rufen.

Schnell trommelten wir vier weitere Mitglieder unserer Truppe zusammen. Die Aufregung war greifbar. Wir waren bereit, uns der Herausforderung zu stellen, die uns Detlef vor die Füße gelegt hatte. Mit einem letzten Blick auf die untergehende Sonne machten wir uns auf den Weg zum Rohbau.

Die Luft war erfüllt von Nervenkitzel, als wir die rohen in Beton gegossenen Treppenstufen hinaufstiegen. Wir standen im ersten Stock und blickten auf den Sandhaufen, der uns wie ein weiches Bett willkommen hieß. „Eins, zwei, drei!", zählte Detlef, und mit einem kollektiven Sprung stürzten wir uns in die Tiefe.

Doch in diesem Moment, als ich durch die Luft flog, schien die Zeit stillzustehen. Der Sand, der uns so sicher erschien, war nicht das Einzige, was auf uns wartete. Ich landete nicht auf dem erhofften weichen Untergrund, sondern auf einer Waschbetonplatte, die sich heimtückisch unter dem Sand verborgen hatte. Der Aufprall war brutal und schmerzhaft, und für einen kurzen Moment schien die Welt um mich herum zu verschwimmen. Ein Schrei entglitt meinen Lippen, während ich versuchte, den Schock zu verarbeiten.

Ich blutete aus Ohren, Nase und Mund. Die anderen waren bereits aufgestanden und starrten mich mit weit aufgerissenen Augen an. In diesem Augenblick wurde mir klar, dass Mutproben nicht nur Abenteuer, sondern auch unvorhersehbare Gefahren mit sich bringen können. Und während ich dort lag, umgeben von meinen Freunden, wusste ich, dass dieser Tag für immer in unseren Erinnerungen bleiben würde. Ein Tag, an dem wir die Grenzen des Mutes überschritten und die Schatten der Unvorsichtigkeit erlebten. Meine „Freunde" trugen mich nach Hause, legten mich vor die Tür meiner Eltern, klingelten und verschwanden. Ich versank in eine tiefe Ohnmacht und lag acht Tage im Koma.

Während ich danach im Krankenbett den ganzen Tag die Decke anstarren musste, begann in mir ein inneres Zwiegespräch mit dem Tod. Fragen, die mich tief berührten, kamen auf: „Was, wenn ich jetzt gestorben wäre?" und „Warum lebe ich noch?" Diese Gedanken führten zu einem Zwiespalt in mir – einerseits verspürte ich Freude über das Leben, andererseits fiel ich in eine tiefe Nachdenklichkeit. Als ich schließlich die Augen öffnete, schienen mich die weißen Wände des Krankenzimmers zu erdrücken, und der Geruch von Desinfektionsmittel brannte in meiner Nase. Niemand von meinen „Freunden" besuchte mich.

Die Tage im Krankenhaus zogen sich wie zähflüssiger Honig. Das monotone Piepen der Maschinen war das einzige Geräusch, das meine Gedanken durchbrach. Ich fühlte mich wie ein Schatten meiner selbst, gefangen in einem Körper, der nicht mehr gehorchte. Die Wut, die in mir brodelte, war wie ein Vulkan, der darauf wartete, auszubrechen.

Ich hatte gehofft, dass jemand, irgendjemand, mir zur Seite stehen würde, aber die Stille war erdrückend.

Die Stunden vergingen und mit jedem neuen Tag wuchs die Enttäuschung in mir. Ich stellte mir vor, wie sich unsere Cliquenmitglieder in der Stadt trafen, lachten und das Leben lebten, während ich hier gefangen war. Dieser „Freundeskreis", den ich für unzertrennlich gehalten hatte, war wie ein Schatten aus meiner Vergangenheit verschwunden.

Eines Nachts, als der Mond durch das Fenster schien und die Schatten der Bäume auf den Boden tanzten, spürte ich, wie die Wut in mir zu einer unbändigen Kraft anwuchs.

Ich wollte nicht Verlierer sein, der im Krankenbett lag. Ich wollte Rache, weil mich niemand aus unserer Gruppe besuchte.

Mit jedem Tag, den ich stärker wurde, schwor ich mir, dass ich nicht nur überleben, sondern auch zurückkommen werde. Ich werde die Wahrheit ans Licht bringen, die hinter dem Verrat meiner Freunde steckte. Und ich würde nicht ruhen, bis ich die Antworten hatte, die ich verdiente.

Die Zeit des Wartens war vorbei. Ich werde kämpfen – für mich selbst und für die Gerechtigkeit, die mir vorenthalten wurde. Und als ich schließlich aus dem Krankenhaus entlassen wurde, war ich nicht mehr das verletzliche Opfer. Ich war ein Krieger, bereit, die Schatten der Vergangenheit zu konfrontieren und die sogenannten Freunde zu besiegen. Ich strafte alle mit schweigender Verachtung und spürte, wie diese ihnen unter die Haut ging.

Ich hatte das Vergnügen, Susanne, eine liebe Schulfreundin, zu treffen. Sie war genau so alt wie ich und besuchte mich oft im Krankenhaus, was mich sehr gefreut hatte. Unsere Gespräche waren immer sehr angenehm und bereichernd. „Es ist wirklich schön, dass du dem Tod noch einmal entkommen bist", sagte sie mit einem Lächeln. Ich fragte sie, warum meine anderen Freunde mich nicht im Krankenhaus besuchten. Sie antwortete: „Vielleicht haben sie einfach nicht den Mut gehabt." Das hat mir gezeigt, wie wichtig wahre Freundschaft ist. Wir haben uns anschließend intensiv darüber unterhalten, was eine echte Freundschaft ausmacht, und ich fühlte mich durch unser Gespräch sehr gestärkt.

Inmitten vieler Gedanken fand ich mich plötzlich in einem Zustand der Zurückhaltung wieder, ohne zu verstehen, warum. Es war, als ob eine unsichtbare Barriere zwischen mir und der Welt stand, und ich konnte die Gründe dafür nicht fassen. Diese innere Zerrissenheit, die wie ein Schatten über mir schwebte, formte sich zu einer drängenden Frage: Wie gut kenne ich mich wirklich selbst? Diese Frage hallte in mir wider, ein Echo, das mich dazu drängte, tiefer in die unentdeckten Winkel meiner Seele einzutauchen. Was verbarg sich hinter der Fassade, die ich der Welt zeigte?

Wie gut kenne ich mich wirklich

Diese Frage schleicht sich in meine Gedanken, während ich darüber nachsinne, dass ich jeden Tag, jede Sekunde mit mir selbst verbringe. Ich sollte doch wissen, wer ich bin und was ich will.

Doch dann kommt mir der alte Spruch „Gnothi seauton" in den Sinn, der an der Wand des Apollotempels von Delphi prangt – „Erkenne dich selbst!" Ein Satz, der von den „Sieben

Weisen von Griechenland" in die Geschichte eingraviert wurde und der die
Philosophie wie einen roten Faden
durchzieht. Doch was bedeutet das für
mich?

Ich bin mir sicher, dass ich weiß, wer
ich bin. Doch ist das wirklich genug?
Gibt es verborgene Facetten in mir,
die ich verdränge oder ignoriere? Wie
oft habe ich mich schon gefragt, was
andere über mich denken, während
ich die Frage, was ich über mich selbst
denke, beiseite schiebe? Ist die Mei-
nung der anderen wirklich wichtiger
als das Bild, das ich von mir selbst habe?

Und was ist mit den Menschen um
mich herum? Weiß ich, wer mir guttut
und wen ich besser loslassen sollte?
Höre ich auf meine innere Stimme
oder lasse ich sie im Hintergrund ver-
stummen? Bin ich mir meiner wahren
Gefühle bewusst, oder lebe ich in

einer Illusion, die ich selbst erschaffen habe?

Sich selbst wirklich zu kennen ist eine Kunst, die Mut erfordert. Es wird mir klar, dass ich den Sprung wagen muss, tief in meine innere Welt einzutauchen. In meine Gedanken, Gefühle und Erinnerungen. Es ist an der Zeit, die Blockaden zu erkennen, die mich zurückhalten, denn nur so kann ich wirklich vorankommen. Eine Selbstflexion zur Selbsterkenntnis ist für mich dringend erforderlich, und ich bin bereit, mich ihr zu stellen.

*"Du schaust in den Spiegel
und merkst,
dass dir was fehlt.
Und spürst,
dass es deine Zukunft ist."*

Woody Allen

Selbstreflexion in der Mitte meines Lebens

Im Sommer 1979 traf ich die Entscheidung, meinen gut bezahlten Job als Mitglied der Geschäftsleitung in einem renommierten Konzern zum Jahresende zu kündigen. Ich hatte mir ein komfortables Leben aufgebaut und konnte mir alles leisten, was ich wollte. Doch in mir wuchs der starke Wunsch, als Berater, Trainer und Coach selbstständig zu arbeiten. Die notwendigen räumlichen und Mobiliaren Voraussetzungen hatte ich bereits in die Wege geleitet. Mein Entschluss war gefasst: Ich meldete meine eigene Beratungsfirma an, um am 1. Januar 1980 starten zu können.

Dennoch spürte ich, dass noch etwas in mir brodelte. Nach zwei gescheiterten Ehen fühlte ich einen tiefen Drang nach einem Leben in Eigenverantwortung und Unabhängigkeit. Es war an der Zeit für eine gründliche ICH-Inventur, die sicherlich auch schmerzhafte Selbstreflexionen mit sich bringen würde. Daher buchte ich vom Samstag, den 22. bis 29. Dezember 1979 ein Hotelzimmer im Odenwald. Dort wollte ich allein und ungestört die strategischen Leitlinien für meine zukünftigen Jahre festlegen.

Ich wollte einen Selbstreflexions-Prozess durchführen. Selbstreflexion bedeutet über mich selbst nachzudenken, das eigene Denken, Fühlen und Handel zu hinterfragen mit dem Ziel, mehr über mich selbst herauszufinden. Es bot mir die Möglichkeit, mich auf eine andere, tiefere Art kennenzulernen. Ich werde mehr über meine Eigenschaften, Wünsche und Sehnsüchte erfahren.

Ich spürte, dass diese Tage nicht nur eine einfache Klausur mit mir selbst werden würden. Ich werde nach meinem Selbstreflexions-Prozess diesen noch mit einer kleinen, strukturierten und zusammenfassenden Willenserklärung manifestieren. Vierzig Flip-Chart-Papierbögen, genügend Klebeband, ausreichend Filzschreiber und Textmarker, einen Taschenrechner und meine Reiseschreibmaschine hatte ich bereits gepackt. Doch eines durfte auf keinen Fall fehlen: meine ganz persönlichen "Geheimpapiere". Diese hatte ich während meines Studiums und meiner Teilnahme an diversen Workshops und Seminaren per Handnotizen gesammelt. Sie enthielten ein Wissen, welches in Büchern nicht zu finden war.

Für meinen Selbstreflexions-Prozess wählte ich 45 Fragen aus, die ich unsortiert zusammenstellte und vor allem <u>schriftlich</u> beantwortete:

1. Wie sieht ein perfekter Tag für mich aus?

2. Was schiebe ich oft vor mir her?

3. Wovon möchte ich mehr in meinem Leben haben?

4. Was habe ich bisher in meinem Leben vermisst?

5. Was mache ich gern, einfach so zum Spaß?

6. Was bedeutet Hilfsbereitschaft für mich?

7. Was habe ich bisher schon alles gelernt?

8. Wie ist meine Beziehung zu meiner Mutter?

9. Wie ist meine Beziehung zu meinem Vater?

10. Welche Personen haben mein Leben stark beeinflusst?

11. Was sind meine Grundwerte und

welche sind mir wichtig?

12. Was ist künftig Freundschaft für
mich?

13. Welche Gefühle würde ich gern
mal wieder empfinden?

14. Was macht mich traurig?

15. Was bedeutet Glück für mich?

16. Was kann ich richtig gut?

17. Welche schlechte Gewohnheit
will ich ablegen?

18. Wovor habe ich Angst?

19. Was bereue ich getan oder nicht
getan zu haben?

20. Was ist meine größte Unsicherheit?

21. Wie ist meine Beziehung zu
Geld?

22. Wie drücke ich meine Kreativität
aus?

23. Was ist mein Ventil? Wo kann

ich Druck ablassen?

24. Was bedeutet Familie für mich?

25. Wie würden meine Freunde mich beschreiben?

26. Auf welche meiner Charaktereigenschaften bin ich stolz?

27. Wann bin ich das letzte Mal über meinen Schatten gesprungen?

28. Was hat gerade Priorität in meinem Leben?

29. Wo und wann habe ich die besten Ideen?

30. Was treibt mich an?

31. Was ist das schönste Kompliment, dass ich erhalten habe?

32. Warum führe ich keine tiefgründige Beziehung?

33. Wo möchte ich gerne hinreisen?

34. Was kann jeder von mir lernen?

35. Wie kann ich besser mit Zweifel

umgehen?

36. Was bedeutet "eine gute Zeit haben" für mich?

37. Welches Buch hat mich am meisten beeindruckt?

38. Was habe ich im Leben schon alles erreicht?

39. Wie haben sich meine Prioritäten in den letzten 3 Jahren verändert?

40. Wie und wo habe ich die meisten meiner Bekannten kennengelernt?

41. Mit wem wäre ich gern in Kontakt geblieben?

42. Welcher Fehler in meinem Leben hat mich am meisten gelehrt?

43. Gibt es etwas, was ich noch nie jemandem erzählt habe?

44. Was brauche ich, um zufrieden
    zu sein?

45. Wer ist für mich da, wenn ich
    Hilfe brauche?

In den stillen Momenten, während ich die Fragen auf dem Papier beantwortete, schlich sich unaufhaltsam zu einigen Fragen oft die drängende Zusatzfrage „WARUM" in mein Bewusstsein. Diese einfache, doch so tiefgründige Frage wurde zu einem emotionalen Sturm, der in mir tobte. Oft standen mir die Tränen in den Augen, während ich versuchte, die Schichten meiner eigenen Gedanken und Gefühle zu durchdringen. Es war, als würde ich in einen Abgrund blicken, der mir die ganze Komplexität meines Seins vor Augen führte.

Doch ich wusste, dass ich diesen SOP (Selbstorganisationsprozess) durchstehen musste. Mit jedem Tränenausbruch, mit jeder schmerzhaften Erkenntnis, die ich gewann, wurde mir die immense Kraft der Selbstreflexion bewusst. Ich begann zu begreifen, dass hinter jedem „WARUM“ eine Chance zur Transformation lag. Dieser Weg, so herausfordernd er auch war, öffnete mir die Augen und zeigte mir Vorteile, die in der tiefen Auseinandersetzung mit mir selbst verborgen lagen. Es war ein Weg, der mich nicht nur zu mir selbst führte, sondern auch zu einer neuen Klarheit und Stärke, die ich zuvor nie gekannt hatte:

- meine persönliche Weiterentwicklung durch Erkennen und Bearbeiten von Schwächen und Fehlern
- die bessere Nutzung und den Ausbau meiner persönlicher Stärken
- die verbesserte Einschätzung künftiger Situationen und meiner Ent-

scheidungen
* ein tieferes Selbstverständnis und Erkennen meiner eigenen Bedürfnisse und Ziele

Das erste Jahr meiner Selbständigkeit war ein aufregendes Abenteuer mit vielen Erfolgen! Mit jedem neuen Tag füllte sich mein Kalender mit spannenden Terminen für Workshops, Seminare und Vorträge, die nicht nur meine Leidenschaft widerspiegelten, sondern auch das Interesse vieler Menschen weckten. Die Strategien, die ich mit Hingabe und Kreativität entwickelt hatte, entfalteten ihre Kraft und führten zu einer wahren „Aufwärtsspirale". Jeder Schritt, den ich machte, brachte mich näher zu meinen Zielen und inspirierte andere, ebenfalls ihre Wünsche und Ziele zu verfolgen. Es war der Beginn einer Reise, die voller Möglichkeiten und

positiver Veränderungen steckte!
Drei Spannungsfelder, die wie Steine auf meinem Herzen lagen

In den tiefsten Abgründen meiner Selbstreflexion offenbarten sich drei Spannungsfelder, die mich gefangen hielten:

1. Zuerst war da die drängende Notwendigkeit, die Ketten zu sprengen, die mir die Frau angelegt hatte, die mir das Leben geschenkt hat. Meine Mutter. Doch in den letzten Jahren war sie für mich nicht mehr als eine blasse Erinnerung, eine

Gestalt, die nur noch die Rolle spielte, mich geboren zu haben. Es war an der Zeit, sowohl die psychische als auch physische Distanz zu schaffen, um endlich die innere Freiheit zu finden, die ich so verzweifelt suchte.

2. Dann kam der sehnlichste Wunsch, die richtige Partnerin zu finden – eine Seele, der ich mein vollstes Vertrauen schenken konnte. Jemand, der nicht nur an meiner Seite stehen, sondern mit mir die Jahre durchschreiten wollte, Hand in Hand, bis die Zeit uns nicht mehr tragen kann. Diese Vorstellung einer gemeinsamen Zukunft, voller Liebe und Verständnis, brannte wie ein Licht in der Dunkelheit meines Herzens.

3. Und schließlich die Herausforderung, die psychologische Erfolgsformel, die ich in den Tiefen meiner

Gedanken entdeckt hatte, in eine kraftvolle Strategie zu verwandeln. Es war nicht genug, nur zu träumen; ich musste handeln, die Fäden meines Schicksals selbst in die Hand nehmen und sie zu einem Meisterwerk verweben.

Diese drei Schwerpunkte waren keine Hindernisse, sondern die Schlüssel zu meiner Befreiung und zu einem Leben voller Erfüllung. Der Weg war steinig, doch ich war bereit, ihn zu beschreiten.

„Der Mensch
ist nichts anderes als das,
was er selber aus sich
macht.“

Jean-Paul Sartre

Das AUS zwischen mir und meiner Mutter

In der schmerzhaften Arena unserer Beziehung war meine Mutter die unangefochtene Herrscherin, deren Worte wie scharfe Klingen durch die Luft schnitten. Sie war die Meisterin des Bewertens, Anweisens und Abweisens, stets überzeugt, dass ihr Wissen über alles erhaben war. Wenn ich es wagte, einen anderen Standpunkt zu vertreten, war ihre Antwort oft nur ein kaltes „Wenn du meinst", das wie ein eisiger Wind durch mein Innerstes zog. Mit jedem Jahr, das verging, wurde mir schmerzlich bewusst, dass sie gefangen war in den Fesseln ihres zwangsneurotischen Verhaltens, unfähig, die Ketten ihrer eigenen Kindheit zu sprengen. Verwöhnt von ihrem Vater, der ihr stets recht gab, war sie in Wahrheit nichts weiter als eine verzogene Göre, die nicht einmal die kleinste Auseinandersetzung ertragen konnte und vor konstruktiver Kritik wie ein Kind vor dem Unbekannten zurückschreckte.

Ich suchte verzweifelt das Gespräch, wollte Brücken bauen, doch sie wies meine Bemühungen mit der Arroganz einer Königin zurück. „Ich habe es nicht nötig, mich mit dir zu unterhalten, nur weil du Psychologie studiert hast", war ihre kalte Antwort, die wie ein Schlag ins Gesicht wirkte.

Schließlich, in einem Akt der Befreiung, schrieb ich ihr einen langen, endgültigen Brief der Trennung. Ein Brief, der all die unausgesprochenen Worte und den Schmerz in sich trug. Doch die Stille, die folgte, war ohrenbetäubend – eine Antwort blieb aus.

Vier Jahre später stand ich auf der Beerdigung ihrer Mutter, meiner Großmutter, und als ich sie dort sah, regte sich nichts in mir. Kein Funke von Trauer, kein Hauch von Nostalgie. Sie war nur eine Gestalt in der Menge, ein Schatten aus der Vergangenheit, der mich nicht mehr berührte.

Bis heute habe ich sie nicht mehr gesehen, geschweige denn kontaktiert. Ob sie noch lebt oder nicht, ist mir gleichgültig. Die Kluft zwischen uns ist so tief, dass selbst der Tod sie nicht überbrücken kann. In der Stille dieser Entscheidung fand ich meine Freiheit.

Ein ganz besonderer Tag, dieser 16. Mai 1981

Es gibt Tage im Leben, die man nie vergisst. Heute war ein solcher Tag, ein Tag, der sich wie ein leuchtender Stern in die Dunkelheit der Erinnerung einbrannte. Es war Samstag, der 16. Mai 1981. Ich fand mich nach einem langen, anstrengenden Arbeitstag im Sheraton Hotel am Flughafen Frankfurt am Main wieder. Die Stunden waren gefüllt mit Gesprächen und Herausforderungen. Klienten hatten ihre Geschichten und Sorgen, Ich hatte mein Bestes gegeben, um ihnen zuzuhören und zu helfen.

Doch nun, am Ende des Tages, sehnte ich mich nach einem Moment der Ruhe, nach einem Drink, der mir erlauben würde, die Hektik des Tages hinter mir zu lassen. Als ich die Lounge betrat, umfing mich eine angenehme Atmosphäre, die den Stress des Tages vertreiben wollte. Doch dann fiel mein Blick auf sie – eine unglaublich attraktive und anmutige Frau, die in einem schicken Hosenanzug am Tisch saß. Sie hatte einen Kaffee vor sich stehen und las konzentriert in einer Wirtschaftszeitung. Ihre Ausstrahlung war magnetisch, und ich fühlte, wie mein Herz einen Schlag aussetzte. Es war, als ob die Zeit für einen Moment stillstand, und alles um mich herum verblasste.

Mit einem entschlossenen Schritt näherte ich mich ihrem Tisch. „Darf ich mich zu Ihnen setzen?" hörte ich mich sagen, und in diesem Augenblick war ich mir nicht sicher, ob ich mutig oder einfach nur töricht war. „Gern", antwortete sie mit einem Lächeln, das die Welt um uns herum erhellte. „Ich bin Eva. Was führt Sie hier in die Lounge?"

Nachdem wir uns vorgestellt hatten,

entfaltete sich ein Gespräch, das mich sofort in seinen Bann zog. Welch eine interessante Frau! Ihre Worte waren klug und durchdacht, und ich spürte, dass hier zwei Seelen aufeinandertrafen, die nach etwas Größerem suchten. Unsere Blicke trafen sich immer wieder, und ich konnte die Funken spüren, die zwischen uns flogen. Es war, als ob wir uns schon lange kannten, als ob wir beide auf der Suche nach etwas waren, das wir noch nicht ganz benennen konnten.

Je länger ich mit Eva sprach, desto mehr entfaltete sich in mir ein unstillbares Verlangen, sie intensiver kennenzulernen. Ihre Worte waren wie ein sanfter Strom, der mich begeisterte und in eine Welt voller Möglichkeiten entführte. Jedes Lächeln, jeder Blick, den sie mir zuwarf, schien ein Geheimnis zu bergen, das darauf wartete, entdeckt zu werden. Es war nicht nur ihre äußere Attraktivität, die mich faszinierte, sondern auch die Tiefe ihrer Gedanken und die Leidenschaft, mit der sie über ihre Interessen sprach. Ich spürte, dass wir auf einer Wellenlänge waren, und das Gefühl, dass hier etwas Besonderes zwischen uns entstehen könnte, ließ mein Herz schneller schlagen.

Die Zeit verging wie im Flug, und als wir uns schließlich verabschiedeten, war es, als würde ich einen Teil von mir zurücklassen. Wir vereinbarten, uns am nächsten Tag in einem Eiscafé in ihrem Wohnort wiederzusehen, und ich konnte kaum glauben, dass ich so schnell wieder in ihre Nähe kommen würde. Der Gedanke an unser bevorstehendes Treffen ließ mein Herz vor Vorfreude hüpfen. Ich fuhr nach Hause, doch die Gedanken an Eva ließen mich nicht los. Im Bett konnte ich nicht einschlafen, schlug auf mein Kissen und hörte mich sagen: „Die oder keine" Es hatte mich erwischt. So schnell und intensiv verliebt hatte ich mich noch nie. Ich wusste nun, dass es Liebe auf den ersten Blick wirklich gibt!

In unserem inspirierenden Gedankenaustausch im Eiscafé, umgeben von der süßen Kühle der Leckereien, entfaltete sich ein faszinierendes Bild von Eva. Unsere Gespräche über Ziele, Gewohnheiten und Lebensart offenbarten, wie harmonisch unsere Intentionen miteinander verwoben waren. Sie war eine leidenschaftliche Rebellin des Lebens, die sich entschieden gegen die Vorstellung von Kindern stellte und stattdessen eine tiefe Liebe zu Tieren hegte. Ihre Abenteuerlust führte sie um die Welt, während ihre musischen Talente eine kreative Ader in ihr zum Vorschein brachten, die ich mir nur wünschen konnte.

Doch das war noch nicht alles. Evas Beruf als Tourmanagerin verlieh ihr eine zusätzliche Dimension. Sie sprach mehrere Sprachen fließend, was sie zu einer Meisterin der interkulturellen Kommunikation machte. Ihre Fähigkeit, große Herausforderungen zu organisieren, war beeindruckend und zeugte von ihrem unerschütterlichen Organisationstalent. Und nicht zuletzt war sie ein kreatives Marketinggenie, das mit frischen Ideen und einem unkonventionellen Ansatz die Welt um sich herum bereicherte. In diesem Moment wusste ich, dass ich in Eva nicht nur eine Partnerin, sondern eine Seelenverwandte gefunden hatte.

Eva überreichte mir ihre Wohnanschrift, bereitete mich liebevoll auf ihren Hund vor und lud mich ein, am nächsten Tag zu Kaffee und Kuchen zu kommen. Wir trennten uns mit einem ersten zarten Kuss auf die Wangen. Gesagt, getan – am nächsten Nachmittag machte ich mich voller Vorfreude auf den Weg zu ihr. Ihre Maisonettwohnung in der dritten Etage einer sehr großen Wohnanlage erwartete mich mit einem besonderen Flair.

Als der Fahrstuhl die Türen öffnete, stand ich plötzlich vor einem imposanten Hund, der mit dem Namen „General" – amerikanisch ausgesprochen – auf mich wartete. Es war ein Boxerrüde. Seine Freude war überwältigend, als ob er schon lange auf einen neuen Freund gewartet hatte. Von der ersten Sekunde an hatte er mich erobert. General begleitete mich mit einem fröhlichen Schwanzwedeln zur Wohnung, wo Eva bereits in der Tür stand. Ihr strahlendes Lächeln und die herzliche Umarmung, die mich empfing, ließen mein Herz höherschlagen. In diesem Moment spürte ich, dass da noch viel mehr auf mich zukam – eine aufregende Reise, die gerade erst begann.

Wir genossen unsere Kaffeestunde.

Wieder konnten wir unsere Blicke nicht von uns wenden. Danach kam, was kommen musste. Wir küssten uns leidenschaftlich und landeten im Bett. Für mich unvergessliche Stunden, voller Hingabe und Innigkeit. Eva war unglaublich. Keine meiner Frauen vorher konnten ihr sexuell das Wasser reichen. „Sag mal, Häschen, was hast du morgen vor?" fragte ich während unserer Zigarettenpause. Zum ersten Mal nannte ich sie Häschen. Und so nenne ich meine Frau heute noch.

*Es gibt nichts Schöneres
als geliebt zu werden,
geliebt um seiner
selbst willen oder vielmehr
trotz seiner selbst.*

Victor Hugo

Der Tod muss zum dritten Mal warten

Die Stunden, die wir miteinander verbrachten, waren unglaublich kostbar. Unsere Gespräche waren tiefgründig, unser Lachen hallte wie Musik in der Stille, und unsere Liebe brannte hell und leidenschaftlich. Doch die Morgendämmerung brachte eine andere Realität mit sich. Nach einer langen, berauschenden Nacht musste ich mich aus den warmen Federn schälen, um rechtzeitig bei einem Unternehmer zu sein, der mit mir über ein Fortbildungsprogramm für seine Führungskräfte sprechen wollte.

Die Uhr tickte unerbittlich, und während ich auf die Autobahn fuhr, überkam mich die Müdigkeit wie ein schwerer Schleier. Ich kämpfte gegen die Schläfrigkeit an, doch die Augenlider wurden schwerer, und schließlich fiel ich in einen gefährlichen

Sekundenschlaf. Ein ohrenbetäuben-
des Krachen durchbrach die Stille, als
ich aus meiner Trance gerissen wurde.

Blitzschnell öffnete ich meine Augen

und sah das Unheil vor mir: Ich war in
eine Baustelle gerast! Mein Herz raste, als ich das Lenkrad herumriss,
doch es war zu spät. Mein Auto
schleuderte unkontrolliert hin und
her, der Aufprall gegen einen massi-
ven Bagger ließ die Welt um mich herum verschwommen werden.

Schließlich fand ich mich in einem

Sandhaufen wieder, gefangen in einem Albtraum, der aus einem einzigen Moment der Unachtsamkeit entstanden war.

Mit zitternden Händen öffnete ich die Tür meines verbeulten Wagens und trat ins Freie, als wäre ich aus einem Albtraum erwacht. Der kalte Wind umhüllte mich, und ich sah an mir hinunter – und da war es, das unfassbare Wunder: Nichts, absolut nichts war mir geschehen. Mein Herz pochte wild in meiner Brust, während ich versuchte, die Realität zu begreifen. Der Schock hatte mich wie ein eisiger Griff erfasst, und ich konnte kaum fassen, dass ich hier stand, lebendig und unversehrt, während mein Auto, einst ein treuer Begleiter, nun in einem grotesken Zustand des Totalschadens lag.

Die Karosserie war zerbeult, das Glas zerbrochen, und der Anblick des zerstörten Fahrzeugs ließ mir das Blut in den Adern gefrieren. Ich sank auf die kalte Straße, die Tränen strömten unaufhaltsam über mein Gesicht. Es war ein unkontrollierbarer Ausbruch, ein Ventil für die Angst und die Erleichterung, die in mir tobten. Ich hatte Glück gehabt, unbeschreibliches Glück! Zum dritten Mal war ich dem Tod von der Schippe gesprungen, und die Gedanken rasten durch meinen Kopf wie ein Sturm.

Doch während ich dort saß, umgeben von den Trümmern meines Autos und der Morgenstille, die nur von meinem Schluchzen durchbrochen wurde, stellte sich mir eine andere Frage: Hatte dieser schreckliche Unfall eine tiefere Bedeutung? War es ein Zeichen, eine Botschaft, die ich unbedingt verstehen musste?

Das Wachsen + Werden für meine Erfolgsstrategie

Wir alle haben sie schon erlebt: Menschen, die „Wasser predigen und Wein trinken“. Diese Diskrepanz zwischen Worten und Taten kann frustrierend sein und bringt mich oft an den Rand der Enttäuschung, besonders wenn ich auf der Suche nach wertvollen Ratschlägen bin.

In meinen Coachings, Trainings und Workshops möchte ich genau das Gegenteil erreichen. Mein Ziel ist, meine Klienten aktiv auf ihrem beruflichen Weg zu fördern, damit sie ihre Träume und Ziele verwirklichen können.

Mit der Gründung meines Beratungsunternehmens will ich mich nicht als bloßen „Erfolgsberater“ verstehen, sondern als engagierten **Erfolgsbegleiter**. Diese Rolle bedeutet für mich, von Anfang an die Verantwortung für das Wachstum und die Entwicklung meiner Klienten zu übernehmen. Ich glaube fest daran, dass jeder

Mensch das Potenzial hat, Großes zu erreichen, und ich sehe es als meine Aufgabe, dieses Potenzial zu entwickeln, zu entfalten und zu unterstützen.

Um sicherzustellen, dass wir auf der gleichen Wellenlänge sind, werden ausführliche Vorgespräche unerlässlich sein. Diese Gespräche sind nicht nur eine Formalität, sondern eine wichtige Grundlage für eine erfolgreiche Zusammenarbeit. Sollte sich herausstellen, dass die Chemie nicht stimmt, ziehe ich es vor, eine Zusammenarbeit abzulehnen.

Meine Herangehensweise basiert auf umfangreichen Erfahrungen, die ich in über 600 persönlichen Coachings und mehr als 1.100 Kleingruppencoachings der letzten vierzig Jahre gesammelt habe. Diese wertvollen Erkenntnisse habe ich in vier zentrale Leitsätze zusammengefasst, die den

Kern meiner Arbeit bis heute bilden:

1. Meine Ziele definiere ich schriftlich, möglichst in einem Satz! – Klarheit ist der Schlüssel zum Erfolg. Wenn ich meine Ziele präzise formuliere, schaffe ich ein klares Bild, welches mich leitet.

2. Ich konzentriere mich auf das, was ich wirklich kann! – Jeder hat einzigartige Stärken. Indem ich mich auf meine Fähigkeiten konzentriere, kann ich meine Energie gezielt einsetzen und echte, messbare Fortschritte erzielen.

3. „Schreibdenken" ist ab sofort angesagt. Ich werde mir nicht alles im Kopf merken wollen! – In einer Welt voller Informationen ist es wichtig, mich nicht zu überfordern. Notizen und klare Strukturen helfen mir, den Überblick zu behalten und fokussiert zu bleiben.

4. Ich setze selbst bei komplexen Sachverhalten die KISS-Methode ein (keep it small and simple), welche gerade bei der Planung gilt. Alles soll für meine Klienten einfach und überschaubar sein!

Der Langsamste,
der sein Ziel nicht
aus den Augen verliert,
geht immer noch schneller
als der,
der ohne Ziel herumirrt.

Gotthold Ephraim Lessing

Lebenskompetenz vs. Todesangst

Lebenskompetenzen sind wie ein kraftvoller Schild, der dem Tod mutig die Stirn bietet und ihn dazu zwingt, geduldig zu warten! Sie sind die wertvollen Fertigkeiten und Fähigkeiten, die ich mir aneigne, um den Herausforderungen und Problemen des Alltags mit Bravour zu begegnen.

Durch das aufmerksame Beobachten meiner Mitmenschen und das mutige Ausprobieren eigener Erfahrungen baue ich ein starkes Fundament auf, das mir hilft, das Leben in großen Schritten zu meistern.

Mit jeder neuen Fähigkeit, die ich erlerne, verlängere ich die Zeit, auf die der Tod mit seinem Auftritt warten muss – und das macht das Leben umso lebendiger!

Unser Leben ist endlich, und in dieser Endlichkeit liegt eine tiefere Wahrheit, die es wert ist, betrachtet zu werden. Die Auseinandersetzung mit dem Tod ist nicht nur in Ordnung, sondern kann auch eine sinnvolle und bereichernde Erfahrung sein. Doch es wird kritisch, wenn diese Gedanken ans Sterben beginnen, dem Leben die Kraft zu rauben und uns in einen Strudel negativer Gedanken und übermäßigen Grübelns ziehen.

Es ist wichtig, sich bewusst zu machen, dass das Nachdenken über den eigenen Tod nichts Ungewöhnliches oder Verwerfliches ist. Im Gegenteil, es ist ein Teil des menschlichen Daseins. Die Psychotherapeutin Marion Koll-Krüsmann aus München betont, dass die Auseinandersetzung mit dem Tod nicht nur naheliegend, sondern auch ausgesprochen sinnvoll ist.

Indem wir uns mit diesem Mysterium befassen, können wir unser Leben bewusster und intensiver leben, anstatt uns von der Angst vor dem Unbekannten leiten zu lassen.

Hermann Hesse

Ein Leben in zwei Körpern – das geht

In den zauberhaften Monaten, die folgten, öffnete sich mir ein faszinierendes Geheimnis: die tiefgreifende Wesensähnlichkeit zwischen meinem geliebten Häschen und mir.

Diese Verbindung offenbarte sich in der Art, wie wir uns liebten, wie wir miteinander kommunizierten und in den vielen Gedanken, die unsere Seelen verbanden. Natürlich gab es auch kleine Stürme in unserem Paradies, oft genährt von meiner eigenen Eifersucht. Doch mit jedem Tag wurde mir klarer, welch kostbaren Schatz ich an meiner Seite hatte.

Immer mehr entdeckte ich die harmonische Synchronisation unserer Seelen, die uns zu einem starken und kraftvollen Paar vereinte. Es war, als ob wir uns in einem besonderen Tanz des Lebens bewegten, der uns immer näher zusammenführte.

Zwei Jahre später, in einem Moment voller Glück und Liebe, gaben wir uns am 26. August 1983, das Ja-Wort auf der ehrwürdigen Ehrenburg, umgeben von liebevollen Gästen, die uns auf unserem bisher kurzen Weg begleitet hatten. An diesem besonderen Tag feierten wir nicht nur unsere Liebe, sondern auch die gemeinsamen Wünsche und Ziele, die uns miteinander verbanden.

Es war ein entscheidender Moment in unserem Leben, als uns klar wurde, dass wir unsere berufliche Zukunft nicht nur gemeinsam träumen, sondern auch aktiv gestalten wollten. Die Vision, die uns verband, war so stark, dass wir uns entschlossen, den Sprung ins Unternehmertum zu wagen. Wir mieteten repräsentative Geschäftsräume, die nicht nur funktional, sondern auch inspirierend waren – ein Ort, an dem Ideen sprießen und Träume Wirklichkeit werden konnten. Mit viel Enthusiasmus stellten wir ein engagiertes Team von Mitarbeitern ein, die unsere Leidenschaft teilten und bereit waren, mit uns an einem Strang zu ziehen.

In dieser aufregenden Phase wurde uns schnell bewusst, wie unschätzbar wertvoll die individuellen Stärken und das Wissen waren, die jeder von uns in unseren gemeinsamen Brainpool einbrachte. Mein Häschen, mit ihrem unermüdlichen Elan und ihrer bemerkenswerten Expertise, brillierte in der Geschäftsführung, im Marketing und in der interkulturellen Kommunikation. Ihre Fähigkeiten waren nicht nur beeindruckend, sie waren für unsere Ambitionen unverzichtbar. Sie war das Herzstück unseres Unternehmens, und ohne sie wäre ich alleine niemals in der Lage gewesen, unsere Ziele zu erreichen. Die Erfolge ließen nicht lange auf sich warten. Besonders im Aufbau internationaler Netzwerke konnten wir bemerkenswerte Fortschritte erzielen. In Südostasien und Südamerika berieten und coachten wir deutsche Unternehmer, halfen ihnen, ihre Geschäfte zu expandieren und vermittelten wertschöpfende Kontakte, die oft den entscheidenden Unterschied machten. Die Sprachkenntnisse meiner Frau waren dabei ein unschätzbarer Vorteil; sie öffneten Türen und ermöglichten uns, in Kulturen einzutauchen, die für viele andere unzugänglich blieben.

Unsere beruflichen Aktivitäten führten uns auch durch die Schweiz, die Niederlande, Österreich, Rumänien, Großbritannien und Spanien, wo wir als europäische Unternehmerberater tätig waren. In jedem Land, das wir besuchten, hinterließen wir nicht nur unsere Spuren, sondern knüpften auch wertvolle Beziehungen, die unser Netzwerk weiter festigten. Besonders in Spanien, dem Tor nach Südamerika, erkannten wir die Möglichkeit, unsere Vision noch weiter auszubauen. In Malaga, in der malerischen Region

Andalusien, gründeten wir eine weitere Firma, die uns nicht nur neue Horizonte eröffnete, sondern auch die Brücke zu den Märkten in Südamerika schlug.

Inmitten der zahlreichen Herausforderungen und besonderen Aufgaben, die das Leben uns stellte, haben wir unser Privatleben nie vernachlässigt.

Im Gegenteil: Es war der rote Faden, der uns stets leitete und unserem Alltag eine besondere Note verlieh. Über drei Jahrzehnte hinweg waren zwei wunderbare Hunde an unserer Seite – treue Begleiter, die nicht nur unser Leben bereicherten, sondern auch unsere Abenteuerlust anfeuerten.

Unsere Offroad-Trainings forderten von uns ein Höchstmaß an Konzentration, Geschicklichkeit und Können. Jeder Außeneinsatz, jede neue Herausforderung wurde zum Abenteuer, das uns als Team auf die Probe stellte.

Es waren Momente voller Adrenalin, die uns die Schönheit der Natur und die Stärke unserer Bindung vor Augen führten. Wenn wir mit den Hunden in die wildreiche Landschaft aufbrachen, fühlte es sich an, als würden wir nicht nur die uns umgebende Welt entdecken, sondern uns selbst und unser Vertrauen ineinander.

Die Reisen mit unserem Wohnwagen entpuppten sich als ein weiteres Kapitel. Auf diesen Fahrten entlädt sich die Kultur Europas in seiner reinsten Form. Wir entdeckten die verwinkelten Gassen der Küstenorte Frankreichs, die pulsierenden Städte Spaniens und die unberührte Natur, die auf uns wartete.

Jedes Ziel brachte neue Geschichten, neue Geschmäcker und unvergessliche Begegnungen mit sich. Die tiefen Gespräche, die wir abends unter dem Sternenhimmel führten, während die

Hunde zufrieden schnarchend zu unseren Füßen lagen, schweißten uns noch enger zusammen.

Was unser Miteinander anbelangt, habe ich bis zum heutigen Tag nie das Gefühl gehabt, dass uns der Gesprächsstoff ausgehen könnte oder dass wir uns in einer Blase der Routine verlieren. Unsere Seelen scheinen in einem harmonischen Tanz miteinander verbunden zu sein. Es ist fast mystisch, wieviel gegenseitige Empathie mein Häschen und ich in unseren Alltag integrierten. Wenn es drauf ankam wir waren stets füreinander da.

Zusammen haben wir nicht nur Erlebnisse gesammelt, sondern eine tiefe, emotionale Verbindung aufgebaut, die den Lauf der Jahre überdauert hat. Unsere gemeinsame Lebensreise ist mehr als nur ein Abenteuer.

Sie ist das Fundament unseres Lebens, in dem wir alles, was wir teilen, umso wertvoller erscheinen lassen. In diesem Miteinander finden wir nicht nur Rückhalt, sondern auch den Mut, uns auf die unbekannten Wege zu begeben, die vor uns liegen.

Einen Menschen lieben,
heißt einwilligen,
mit ihm alt zu werden.

Albert Camus

Ein unvergesslicher Schicksalsschlag

Es war Freitag, der 14. Dezember 2012. „Dann wünsche ich dir einen erfolgreichen Tag, mein Häschen, sagte ich zu meiner Frau am Telefon. Sie ist in Timisoara/Rumänien, um an zwei Universitäten Vorlesungstermine für mich zu vereinbaren. Anfang des Jahres trainierte ich bereits Professoren an einer dieser Universitäten, mit großem Erfolg und wertvollen Anregungen im Rahmen der Hochschuldidaktik.

Heute wollte ich noch mein Trainingskonzept für das Management eines bedeutenden Branchenunternehmens erarbeiten, um es in der folgenden Woche zu präsentieren. Thema war „Führung übernehmen – Leitung überlassen!"

Auf dem Weg zu unserer Kaffeemaschine spürte ich einen kleinen Schwindel, der jedoch kurze Zeit darauf wieder verschwand. Eigenartig. Nachmittags geschah das gleiche noch einmal. Unsere Schäferhündin „Shanty" wich nicht von meiner Seite. Zunächst dachte ich sie wolle raus und mit mir Gassi gehen. Nein, sie wollte nicht. Ich spürte, dass etwas nicht stimmte. Ich holte mir noch einen Kaffee, setzte mich an meinen Schreibtisch und arbeitete weiter.

Es war nach 23.00 Uhr, als ich mit meinem Häschen telefonierte, um ihr gute Nacht zu sagen und von ihr zu hören, ob sie Erfolg hatte. Mit der einen Universität, an der ich im Frühjahr bereits aktiv war, hatte sie Vorlesungen für mich vereinbart. Ich freute mich sehr und gab ihr noch einen gute Nacht Kuss durchs Telefon. Dann legte ich auf.

Mir wurde komisch zu mute. „Nanu, was ist das denn?“ dachte ich, merkte, das mir schlecht wurde, rutschte von meinem Stuhl, konnte mich nicht halten und lag fast vollständig unter meinem Schreibtisch. Ich spürte, dass ich meine Beine nicht mehr bewegen konnte. Meine Angst zu sterben, wurde immer größer. Ich versuchte mein Handy zu erreichen, welches auf der Kante meines Schreibtisches lag. Gott -sei-dank, ich hatte es. Schnell wählte ich die 112, nannte meinen Namen und sagte, was passiert ist. Doch der freundliche Notdienstmitarbeiter verstand mich nicht. „Können Sie ihren Namen bitte buchstabieren?“ Ja, sagte ich und fing an: „Dora, Richard, Emil, Ypsilon, Konrad, Otto, Richard, Nordpol“. „Aha, Sie sind Herr Dreykorn“ sagte er. Ich freute mich, dass er verstanden hatte. Ich buchstabierte ihm noch den Namen unserer Nachbarin, die den Schlüssel zu unserem Haus hatte.

Dabei spürte ich, wie Panik in mir aufstieg. Der Notdienstmitarbeiter stellte mir Fragen, die ich nur mühsam beantworten konnte. Meine Worte kamen langsam und stockend, und ich kämpfte gegen die Schwärze an, die sich in meine Gedanken schob. Die Verbindung zu meinem Körper schien zu schwinden – mein Herz raste, aber gleichzeitig fühlte ich eine merkwürdige Taubheit in meinen Gliedmaßen.

„Halten Sie durch, Herr Dreykorn. Die Notärztin ist auf dem Weg", hörte ich den Mann sagen, aber seine Stimme schien aus weiter Ferne zu kommen. Ich versuchte, mich auf seine Worte zu konzentrieren, während ich gleichzeitig das Gefühl hatte, in eine dunkle Leere zu fallen. Ich konnte nicht anders, als an mein Häschen zu denken, die in Rumänien war – allein, ohne zu wissen, was mit mir geschah. Das konnte ich nicht ertragen.

Dann hörte ich das Geräusch der Tür, die mit einem lauten Knall aufging. Mehrere Stimmen drangen in die Stille meines Büros ein. „Beißt der Hund", hörte ich einen Sanitäter fragen. „Nein, lenken sie ihn bitte ins Wohnzimmer und schließen sie die Tür. Danke." Es waren die Sanitäter und die Notärztin. Ich konnte ihre Schritte hören und spüren, wie sie sich um mich kümmerten. „Sie haben einen Schlaganfall, Herr Dreykorn," sagte die Ärztin. Sie hoben mich vorsichtig an und legten mich auf eine Liege. In diesem Moment fühlte ich mich wie in einem Traum, einer seltsamen Mischung aus Realität und Albtraum, während ich die Gesichter über mir verschwommen sah. „Wir sind hier, alles wird gut", sagte eine der Stimmen.

Es war 0.10 Uhr. Ich lag im Krankenhaus. Sie begannen, mir Fragen zu
stellen, und während ich versuchte zu
antworten, wurde die Welt um mich
herum immer dunkler. Der letzte Eindruck, der in meinem Gedächtnis ver-
blieb, war das Gesicht einer Kranken-

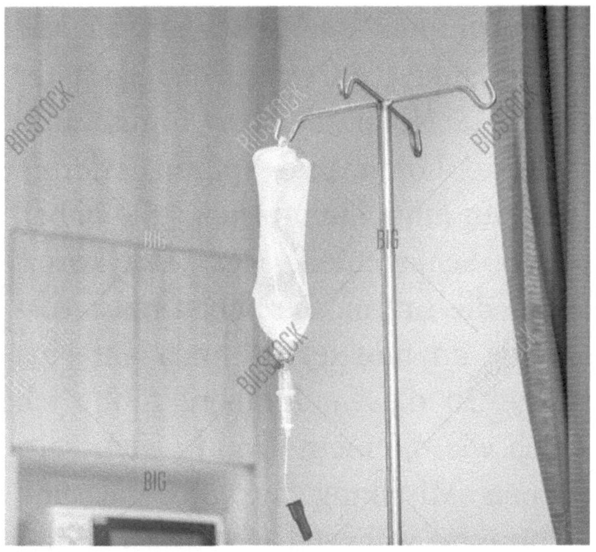

schwester, die mich ernst, aber beru-
higend ansah. „Sie sind in guten Händen, Herr Dreykorn", flüsterte sie.

Als ich das Bewusstsein verlor, wusste ich nicht, was als Nächstes passieren würde. Das letzte, was ich wahrnahm, war das Summen der Geräte und das Gefühl, dass ich in eine andere Dimension driftete. War das das Ende? War ich bereit, mich von der Welt zu verabschieden? All die Fragen, die ich mir nie gestellt hatte, schwirrten in meinem Kopf. Doch bevor ich endgültig in die Dunkelheit eintauchte, kam ein Signal, das mir verriet, dass ich nicht allein war, dass Hilfe und ganz besonders mein geliebtes Häschen auf dem Weg zu mir war. Mit diesem Gedanken fiel ich ins endliche Dunkel.

Die Erinnerung
ist das einzige Paradies,
aus dem wir nicht vertrieben
werden können.

Dietrich Bonhoeffer

Hoffnung auf ein neues Leben

Als ich erneut erwachte, war das Licht im Raum sanfter geworden, und das Geräusch der Maschinen um mich herum klang vertrauter. Bernd, mein Krankenpfleger war noch da, und ich bemerkte, dass er mir eine frische Decke über die Beine gelegt hatte. „Guten Morgen", sagte er mit einem Lächeln. „Wie fühlen Sie sich?"

Da stand sie vor mir: mein allerliebstes Häschen. „Schön, dass du wieder da bist", sagte sie zu mir und streichelte mir mein Gesicht. Die Ärztin stellte sich an mein Fußende, betastete mein linkes Bein, welches wie meine linke Körperhälfte noch gelähmt war, und sagte „bewegen Sie bitte mal ihren linken Zeh". Ich bemühte mich und siehe da, er bewegte sich tatsächlich etwas. Ich sah, wie sehr meine Frau sich freute. Sie konnte ihre Tränen nicht zurückhalten. Eine große innere Last schien von ihren Schultern zu fallen. „Das wird wieder", sprach die Ärztin und betastete meinen Körper noch etwas.

Ich versuchte zu sprechen, aber meine Stimme war schwach und klang rau. „Besser?" stammelte ich und war überrascht über die Erleichterung, die mir die kleine Bewegung des Zehs gebracht hatte. Mein Liebling saß immer noch an meiner Seite und sah mich mit einer Mischung aus Sorge und Liebe an.

„Du hast die ganze Nacht durchgeschlafen", flüsterte sie, als könnte sie mich nicht noch mehr belasten. „Die Ärzte sagen, das ist ein gutes Zeichen. Du kämpfst dich zurück." Es war, als würde ihr Glaube an meine Genesung direkt auf mich überspringen.

Die Ärztin kam zurück, lächelte uns beiden zu und erklärte, dass die Therapie beginnen würde, sobald ich stabil genug war. „Wir werden ganz langsam anfangen, Stück für Stück", sagte sie und zeigte mit sanfter Stimme auf einige Maßnahmen und Übungen, die sie vorbereitet hatte.

Ich wollte es schaffen. Ich wollte meinen Körper zurückgewinnen und zurück zu meinem Leben, zurück zu meiner geliebten Frau, die mich nie aufgegeben hatte. Sie sorgte dafür, dass ich dem Tod wieder mal von der Schippe springen konnte.

Ich stellte mir vor, wie ich eines Tages wieder aufstehen und sie in die Arme schließen werde. Dieser Gedanke gab mir Kraft.

In den folgenden Tagen wurde mein Häschen zu meinem stetigen Lichtpunkt. Sie erzählte mir Geschichten von unseren gemeinsamen Tagen, den kleinen Abenteuern, die wir erlebt hatten, und selbst von neuen Ereignissen. Jede Erzählung war ein sanfter Schub, der mich motivierte, für eine schnellere Genesung zu kämpfen.

Die Rehabilitationsübungen waren hart, und ich fiel oft zurück in den Schlaf, erschöpft von den Anstrengungen, doch das Lächeln meines geliebten Menschen am Morgen motivierte mich, am nächsten Tag weiterzumachen. Sie war mein Anker, und ich wusste, dass ich für sie stärker werden musste. Schritt für Schritt arbeiteten wir uns voran, und mit jedem kleinen Fortschritt fühlte ich mich lebendiger.

Eines Tages, als ich endlich in der Lage war, meinen linken Fuß zu bewegen, war es, als würde ich einen kleinen Sieg erringen. „Schau, Liebling, ich kann es!", rief ich voller Freude, während ich meinen Fuß bewegte.

Die Tränen in ihrem Gesicht waren diesmal vor Freude, und ich wusste, dass wir auf dem richtigen Weg waren. Mein Liebling setzte sich schweigend zu mir, hielt meine Hand und küsste mich auf meinen Mund. Dann fiel ich wieder in einen tiefen Schlaf.

Gemeinsam kämpften wir uns durch die Tage und Nächte, und ich lernte, dass Entschlossenheit und Liebe selbst die dunkelsten Zeiten erhellen können.

"Ein neuer Weg
ist immer ein Wagnis.
Aber wenn wir den Mut haben
los zu gehen,
dann ist jedes Stolpern
und jeder Fehltritt ein Sieg
über unsere Ängste,
unsere Zweifel und Bedenken."

Demokrit

Tiefgreifende Veränderungen für einen Neustart

Mitte März 2013 – ein Datum, das das Ende einer Ära und den Anfang eines neuen Kapitels in unserem Leben markierte. Nur noch wenige Tage trennten mich von meiner Entlassung aus der Klinik, und der Schlaganfall, der mein Leben erschüttert hatte, hinterließ nicht nur Narben, sondern stellte auch alles in Frage, was wir zuvor für selbstverständlich hielten.

In diesen steinigen Zeiten saßen meine Frau und ich auf den harten Stühlen in der Cafeteria, ein unüberwindbares Paar, fest entschlossen, stur wie eine Festung. Die Gewissheit, dass nichts und niemand uns auseinanderbringen konnte, war unsere Kraftquelle. Doch der Schock saß tief, und wir wussten: Unsere Zukunft würde nie mehr die gleiche sein.

„Bring morgen bitte Papier und einen Kugelschreiber mit“, bat ich sie. Wir brauchten einen klaren Plan, eine neue Struktur für unser Leben – und die Sensation des Ungewissen schwebte über unseren Köpfen wie ein stürmisches Gewitter.

Am nächsten Tag brannten wir darauf, unsere Ideen auszutauschen. Nach langen Überlegungen und dem Abwägen der unausweichlichen Konsequenzen kamen wir zu einem gewaltigen Entschluss: Wir würden unsere gewohnte Umgebung hinter uns lassen und für einige Jahre in das sonnige Malaga nach Andalusien ziehen. Ein Ort der Ruhe und Reflexion, an dem wir unser Schicksal neu gestalten können.

Die erste große Entscheidung fiel: Wir wollten nicht mehr zurück zu unserem Wohnort. Ein Offroad-Auto musste weichen.

Der nächste Schritt war unumgänglich
– der Verkauf unseres Hauses. Ein
Makler wurde eingeschaltet, während
meine Frau, unermüdlich und voller
Tatendrang, nach Malaga flog, um ein
Appartement für uns zu finden.

Die Herausforderungen türmten sich
vor uns auf – besonders für mein
Häschen, das plötzlich zum unnach-
giebigen Terrier wurde, wenn es
darum ging, die notwendigen Schritte
zu gehen.

In der Zwischenzeit stürzten wir uns
mit vollem Elan in den Verkauf unserer Antiquitäten und schenkten eini-
ges unseren Nachbarn. Unser Semi-
narraum verwandelte sich in einen
bunten Flohmarkt, während ich einen
16-Tonnen-Container organisierte,der
bald bis zum Rand gefüllt war mit all
den Dingen, die einst bedeutend
erschienen, aber nun nur noch Ballast
darstellten.

Mit jedem Schritt, den wir gingen, spürten wir den Druck, aber auch die Freiheit, die uns unser mutiger Entschluss brachte. Es war nicht nur ein Umzug; es war der mutige Neubeginn eines Lebens, das es zumindest in der Form nicht mehr geben würde. Doch anstatt Angst zu verspüren, überkam uns die Vorfreude auf das, was kommen würde – ein neuer Sonnenaufgang in Spanien, der den Schatten der Vergangenheit vertreiben wird.

Ende August, als die Tage langsamer verblassten und der Sommer sich dem Ende neigte, standen wir vor einem Meilenstein, der unser Leben entscheidend verändern würde. Alle Herausforderungen, die auf unserem Weg lagen, hatten wir mit Entschlossenheit und einem unerschütterlichen Teamgeist gemeistert. Der Umzugswagen, vollgepackt mit Erinnerungen, Möbeln und dem, was einmal unser

Zuhause gewesen war, stand in der Nachmittagssonne in unserer Einfahrt. Er war unser fahrender Begleiter auf einer aufregenden Reise mit neuen und sicherlich positiven Herausforderungen.

Der Moment der Schlüsselübergabe war ein emotionaler Augenblick. Der neue Besitzer nahm den Schlüssel in die Hand, und wir sahen die Vorfreude in seinen Augen. Es war der Schlussstrich unter ein Kapitel, das uns viele schöne Momente und Erlebnisse beschert hatte. Wir drehten uns noch einmal um und blickten auf unser Zuhause zurück, das bereits in die Hände eines anderen übergegangen war.

Gemeinsam mit unserer treuen Schäferhündin Shanty, die fröhlich an der Leine schnüffelte machten wir uns auf den Weg.

Die Route führte uns 2.513 Kilometer, durch endlose Landschaften, über Berge und Täler, vorbei an vielen Städten voller Geschichte. Jeder Kilometer war ein Versprechen, ein Schritt näher zu dem neuen Leben, das auf uns wartete.

Wir spürten das Kribbeln der Vorfreude in der Luft, das uns antrieb und motivierte. Malaga, Spanien, das sonnige Paradies, wo der Duft des Meeres und die Wärme der Sonne uns empfangen würden, war jetzt unser Ziel für eine längere Zeit. Während wir weiterfuhren, blickte Shanty aus dem Fenster, als wäre sie die beste Beifahrerin, die man sich wünschen konnte. Ihr fröhliches Bellen und das Wedeln ihres Schwanzes verwandelten jeden Kilometer in ein kleines Abenteuer.

Die Straßen zogen an uns vorbei, und mit jedem Kilometer ließen wir die vertrauten, aber auch die eintönigen Rituale unseres alten Lebens hinter uns. Wir hatten alles gepackt, die Erinnerungen verstaut und waren bereit, uns auf das Unbekannte einzulassen. Ein neues Kapitel begann, und die Aufregung über all das, was vor uns lag, war spürbar – sowohl in uns als auch in der Luft, die wir atmeten.

Mein Körper meldet sich

Die warmen Monate und Jahre in Málaga hatten mein psychisches Wohlbefinden wie ein zartes Sonnenlicht erhellt, das die Schatten meiner Vergangenheit blass erscheinen ließ. Doch während ich mich in der herzlichen Umarmung Andalusiens verlor, drängten sich die Nachwirkungen meines Schlaganfalls immer eindringlicher in mein Bewusstsein. Wie unliebsame Gäste, die man nicht mehr loswird.

Mein linkes Bein, einst ein verlässlicher Wegbegleiter, begann sich nun wie ein fremdes, widerborstiges Wesen zu verhalten, das mir jede Bewegung erschwerte. Doch es war nicht nur das; auch mein linker Arm und die Hand, die mir einst treue Dienste geleistet hatten, schienen in einem eigenwilligen Tanz der Ungehorsamkeit gefangen. Mein Körper glich einem zerborstenen Instrument, dessen Melodie nur sporadisch erklang.

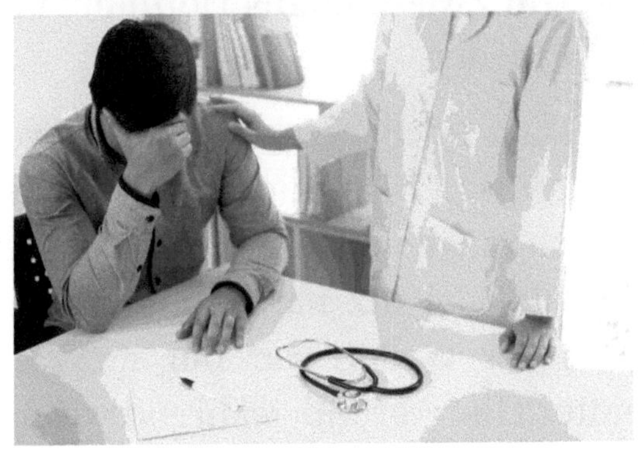

Die medizinischen Nachrichten meines spanischen Arztes waren wenig ermutigend: meine Nierenwerte waren alles andere als rosig und ein Aneurysma in meinem Bauch, ein heimlicher Killer, schien sich unbemerkt zu vergrößern. Es war, als würde ich mit einem unbarmherzigen Schicksal ringen, welches mir immer neue Herausforderungen in den Weg warf. Genug Baustellen, um ein ganzes Leben daran zu verschleppen. Wie ein Künstler, der unzählige unvollendete Werke hinterlässt, fand ich mich in einem Zwiespalt aus Hoffnung und Angst wieder.

Der März 2016 brachte eine Art von Wehmut mit sich, als mein Häschen und ich in einem kleinen, charmanten Strandlokal Platz nahmen. Das Rauschen der Wellen war nur noch ein sanfter Hintergrund, während wir uns tief in die Augen sahen – da war diese unausgesprochene Wahrheit, die uns durchzog: Unser Aufenthalt in diesem wundervollen Andalusien neigte sich dem Ende zu, wie die Glut einer untergehenden Sonne, die langsam im Meer versinkt. Wir besprachen unsere Rückreise, die für mich aus gesundheitlichen Gründen unausweichlich wurde. Der 20. April rückte näher und näher, ein Datum, das unseren Lebensweg markieren sollte.

Ohne Shanty, unser treues vierbeiniges Familienmitglied, das uns aus Altersgründen verlassen hatte, packten wir unser Auto. Es war eine Herausforderung, die sich wie ein symbolischer Akt anfühlte. Wir fanden eine barrierefreie Wohnung in Kaiserslautern, direkt zu Füßen der Westpfalz-Klinik. Welch ein glücklicher Zufall, der mich mit der Gewissheit erfüllte, dass ich in den besten Händen sein würde.

In der Klinik gab es keinen Raum für Zögerlichkeit. Ich ließ mich „auf den Kopf stellen", wie die Ärzte es so salopp ausdrückten, doch in mir tobte ein Sturm aus Hoffnung und Furcht. Die Behandlung war umfassend und präzise, und ich fühlte mich gut aufgehoben. Alles, was ich jetzt brauchte, um mein Leben noch einige Zeit genießen zu können, war plötzlich greifbar nah. Rollstuhl, Rollator und der Nierenkatheter – ständige Begleiter auf meinem Weg, den ich nun neu definieren musste. Und das Aneurysma, geheimnisvoll und bedrohlich, wartete geduldig darauf, mich während meiner ganz persönlichen Reise zum Schicksal zu verändern.

Mit jedem Tag, den ich dieser Zeitbombe entgegen lebte, wurde mir klar: Das Leben ist ein unberechenbares Spiel und in der Begegnung mit der Vergänglichkeit lag sowohl eine düstere Faszination als auch der Drang, die verbleibende Zeit in all ihrer Fülle zu umarmen. So stand ich am Anfang dieses neuen Kapitels – mit all den Herausforderungen und dem ungebrochenen Willen, mich dem Leben zu stellen und dem Tod nicht so schnell von der Schippe zu springen, denn heute beginnt der Rest meines Lebens, denn Zukunft ist der nächste Tag!

Weiterführende Literatur und Quellenverzeichnis

Serverin Schober „Raum für Trauer"
trauer-now.de

Buddhistische Zitate, am-
lebensende.de

Maren Schneider „Der kleine Alltags-
Buddhist" G/U Verlag

Janos Vidonyi „Erfolg durch Planung"
Goldmann Verlag

Nosrat Peseschkian „Positive Psycho-
therapie" Fischer Verlag

Eva Maria Dreykorn „Positiv älter
werden" BoD Verlag

Thomas Sesli „Selbstreflexion"
karrierebibel.de/acquisa.de

Klaus-Peter Klaus Dreykorn
„Entdecke die geheime Macht in dir"
Shaker Media Verlag

M. Klein/A. Kresse „Psychologie im Job" Cornelsen Verlag

Erich Fromm „Haben oder Sein" Deutsche Verlags-Anstalt

Persönliche Kommunikation

Wikipedia

Janos Pasztorfi „Die Medizin kann nicht heilen" Pro Inform Verlag

Reinhard Tausch „Gesprächspsychotherapie" Verlag für Psychologie

Ken Dichtwald „Körperbewusstsein" Synthesis Verlag

Klaus-Peter Dreykorn „Selfness Coaching" Amazon Space Verlag

Weitere Bücher vom Autor

Entdecke die geheime Macht in dir!

Dein Wegweiser zu mehr Erfolg!

Dieses Buch ist ein wichtiger Wegweiser für mehr Anerkennung und Erfolg im privaten und beruflichen Leben.

Es ist ein Ratgeber mit vielen praktischen Tipps und Anregungen, die mehr als 30.000 Teilnehmer in meinen Seminaren, Trainings und Workshops bereits zielorientiert anwenden und umsetzen konnten.

Du erfährst in diesem Buch, wie du dich positiv beeinflussen und erfolgsorientiert entwickeln kannst.

Erfolgreich
reden
und verhandeln!

Mit starken Worten zum Erfolg!

Dieses Buch ist ein Ratgeber für Gesprächs- und Verhandlungstechniken, die vom Autor entwickelt und in vielen Workshops und Coachings erfolgreich angewandt wurden.

So zum Beispiel kannst du schnell aus dem Stegreif eine Rede halten, oder in Verhandlungen die Führung übernehmen.